亲密接触

丝路国家（二）

QINMI JIECHU SILU GUOJIA

丛书主编 / 王义桅
分册主编 / 邓智超　王海荣

新世界出版社
NEW WORLD PRESS

图书在版编目（CIP）数据

亲密接触丝路国家. 二 / 邓智超, 王海荣分册主编. --北京 : 新世界出版社, 2018.2（2021.2重印）
（“一带一路”读本 / 王义桅主编）
ISBN 978-7-5104-6174-3

Ⅰ. ①亲… Ⅱ. ①邓… ②王… Ⅲ. ①“一带一路”－国际合作－青少年读物 Ⅳ. ①F125-49

中国版本图书馆CIP数据核字(2018)第005862号

编　委　陈荣杰　姜凤云　明　燕　夏　燕　朱　亮
李　晶　马　迪

亲密接触丝路国家（二）

分册主编：邓智超　王海荣
责任编辑：曲衍立
责任印制：王宝根　章莹莹
出版发行：新世界出版社
社　　址：北京西城区百万庄大街24号(100037)
发 行 部：(010)6899 5968　(010)6899 8705（传真）
总 编 室：(010)6899 5424　(010)6832 6679（传真）
网　　址：http://www.nwp.cn
http://www.nwp.com.cn
版 权 部：+8610 6899 6306
版权部电子信箱：nwpcd@sina.com
印　　刷：合肥华云印务有限责任公司
经　　销：新华书店
开　　本：787mm×1092mm 1/16
字　　数：65千字　　印　　张：4.5
版　　次：2018年2月第1版　2021年2月第4次印刷
书　　号：ISBN 978-7-5104-6174-3
定　　价：13.50元

我们与收入本书的作品（包括图片、画作）的作者进行了广泛联系，得到了他们的大力支持，对此我们表示衷心感谢。但仍有部分作者未能联系上，烦请作者与我们联系，以便支付稿酬。

前 言

同学们，今天，如果你们去欧洲、非洲的国家旅游，会选择什么样的交通工具呢？

是飞机，是火车，还是豪华游轮？

不管选择哪一种，便捷高效的交通，都将远在天边的国家，变得似乎近在咫尺，也将我们的地球，变成了一个地球村。

但是，你们有没有想过，在古代，陆上丝绸之路上黄沙漫天，马儿和骆驼驮着我们的使者，一步步走向西域；海上丝绸之路上海浪翻滚，水手驾着木质的帆船，乘风破浪，历尽千辛，驶向遥远的彼方。在他们眼里，世界是那么大，路途是那么远。

是什么，让他们勇于踏上征程？他们的行囊里有什么珍贵宝藏？遥远的国度又是何等模样？

是什么，让他们拍手称奇，让他们停下脚步，沉醉在异国他乡？

又是什么，跟随着西去东来者的脚步，在异国他乡留下自己的印记，又或是落地生根，盛开文明之花？

这套书会一一为你解答。

漫漫丝路，孕育的不仅仅是一片片繁荣的乐土，还有“和平合作、开放包容、互学互鉴、互利共赢”的丝路精神。放眼今日，也许曾经喧闹的商路已经变得人迹罕至，也许曾经繁华的市镇已经变了模样，但是丝路精神，依旧长盛不衰，源远流长。它融进了21世纪“一带一路”的建设中，为古代丝绸之路注入新的活力。

假期伊始，我们的小主人公洋洋和丫丫，跟随着博学多识的卡尔叔叔，开启了一段别开生面的丝路之旅。爱好阅读的洋洋，这次不仅要读万卷书，也要行万里路了！对世界充满好奇的丫丫，在沿途又会有什么新的发现呢？

快和我们的主人公一起，去探访丝路上的秘密，看看古代丝路商旅、使者眼中的世界，感受这条千年商路的变迁。在图文并茂的阅读体验中，开阔眼界，增长知识；在“知识链接”的帮助下，排疑解难，加深理解；在“课后思考”的指引下，深入思考，探寻真知。

还等什么，快打开这本书吧！

目录

第一课 “千佛之国”——泰国（一）

千佛之国

卡尔叔叔一行在领略过柬埔寨神奇的吴哥文明之后，从柬埔寨西边穿过人烟稀少的大平原，来到泰国境内。连续多天的旅行让丫丫和洋洋都感到十分疲劳，到泰国后已是晚上，他们来到一座寺庙里住下。

没想到，第一次住在寺庙里的两个孩子因为这种特殊的体验反而变得精神了，非得让卡尔叔叔和他们聊聊泰国。

“泰国是一个受佛教影响很深的国家，全国有三万多所寺庙，号称‘千佛之国’。”卡尔叔叔说道。

“光是首都曼谷就有四百多座寺庙。”卡尔叔叔接着说，“而且，关键的是，在泰国，佛寺是主要的教育机构和慈善机构，还发挥了很大的社会功能，比如供僧侣和信徒朝拜、摆设历史文物、接待外宾游客等，在古代还充当医院和学校的角色。”

泰国最著名的玉佛寺

“那佛教文化岂不是深入到泰国人生活的方方面面了？”丫丫吃惊地问。

“七百多年来，佛教一直是泰国的国教，其信徒占泰国总人口的95%。在泰国，每一个成年男子在他的一生中必须剃度出家修行5天到3个月，连国王也不例外，家家户户都供奉佛经、佛像，学校都设有佛教课程。几百年来，泰国的风俗习惯、文学、艺术和建筑等几乎都和佛教有着密切关系。”卡尔叔叔如老师一般回答了丫丫的问题。

“那我们明天是不是要先去探一探这里的寺庙啊？”洋洋比较喜欢实地考察。

“嗯，明天我们就去郑王庙。”卡尔叔叔略带困意地说，“现在先去睡觉啦！”

第二天一早，三人就来到了郑王庙。“为什么叫郑王庙呢？难道泰国历史上真有个郑王吗？”丫丫抬头看着卡尔叔叔。

“小丫头，这次你真说对了！”卡尔叔叔笑着说，“郑王庙就是为了纪念泰国第41代君王、民族英雄郑昭而修建的寺庙。他曾领导泰国各族人民赶走外敌，重新统一了泰国。”

“郑昭？这名字好像我们中国人的名字啊！”洋洋总有新奇的想法。

“是的呢。”卡尔叔叔肯定地说，“郑昭是华裔，他的祖籍是我国广东，他的父亲在清朝雍正年间移居泰国。”

“你们看，那个塔好高啊！”丫丫指着不远处的塔喊道。

郑王庙

“那是巴壤塔，高79米呢！”卡尔叔叔几乎无所不知，“这里的人们觉得它是每天最先见到阳光的地方，号称泰国埃菲尔铁塔。”

走近后，发现尖塔的外面装饰着复杂的雕刻，并镶嵌着各种彩色的陶瓷片、玻璃和贝壳等，周围还有四座与之呼应的陪塔，形成一组庞大、美丽的塔群，壮观极了。

塔内供有郑昭王像及遗物，殿内悬有中国式的灯笼。三人边走边参观，这时，洋洋问道：“现在泰国也是有王室的，那和郑昭有什么关系吗？”

“有的，现在曼谷王朝的第一任国王是郑昭的好朋友呢。”卡尔叔叔说道，“而且，泰国王室也有华人血统，第一任国王的母亲是华人呢。”

“这么一说，感觉中泰两国好亲近啊。”洋洋看着远处蔚蓝的天空发出了感慨。

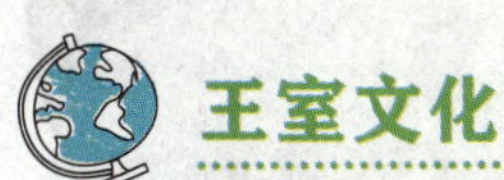

王室文化

走出郑王寺，丫丫拉着卡尔叔叔问道：“那泰国的国王也像我们的皇帝一样住在皇宫里吗？”

“我知道。”洋洋抢答道，“泰国的大皇宫就是泰国国王住的地方，就像我们国家古代的皇宫一样。”

“对面不远处就是大皇宫啊。”卡尔叔叔临时有了新主意，“咱们也去感受一下泰国王室文化！”

“大皇宫，我来啦！”丫丫兴奋地喊道。

刚走进去，卡尔叔叔赶紧叮嘱道：“孩子们，跟着我走哦，有的地方还没有对外开放呢。”

触目之处，都是大的建筑物，在阳光下，它们更显得金碧辉煌了。

“金灿灿的，好耀眼啊，我都睁不开眼睛了。”丫丫一下就抓住了皇宫的最大特点。

大皇宫一角

“我们去看看最经典的阿玛林宫啊。”卡尔叔叔在前面领路了。

走着走着，丫丫看着路边的雕像，停了下来，疑惑地说：“我怎么感觉这些雕像的造型和我们国家的一样呢。”

“不用吃惊。”卡尔叔叔指着石像说，“在皇宫的各大门道上都有中国古代人物的雕像，如文臣武将、关公、穿清代服饰的官吏等。”

大皇宫内的中式石像

“为什么呢？我国的石像还能漂洋过海来到泰国的皇宫吗？”洋洋疑惑地问道。

“据说以前有很多货船从我国运货物到泰国来，由于航程遥远，海上风大浪险，为保平安，商人往往购买一些石雕像以镇船伏波。由于石像造工精细，加上当时的泰王爱好中国艺术，于是他便购下很多这类石雕像放在大皇宫内。”卡尔叔叔翻出了万能的笔记本。

之后，三人来到一扇高大、宽阔的宫门前，孩子们非常吃惊。“怎么这么大啊？”丫丫想到什么就说什么。

“过去的泰王乘坐大象入宫，所以，宫门造得都异常高大。”卡尔叔叔笑着说。

泰国皇宫（局部）

不多久，远处出现了一片由金黄色和绿色琉璃瓦拼成的殿顶。“我们到了。”卡尔叔叔说道。

顺着卡尔叔叔所指，只见殿上面是三角形的殿顶，分三层相叠，层层低垂，金光闪闪，富丽堂皇。

该殿由三个建筑物组成，以前是国王临朝听政的地方，现在主要用来举行重要典礼。

走进去，先来到了阿玛灵达谒（yè）见厅。卡尔叔叔边走边介绍说：“这是国王召见臣民的地方。”

多人向泰国新国王行礼

“在泰国，臣民拜见国王时，有什么特殊的礼节吗？在古代，我们中国百姓见了皇帝要下跪磕头呢。”洋洋好奇地问道。

“必须有啊，在皇室人员坐着说话的时候，泰国人不管男女，都要侧俯在地上，两肘着地放在膝盖前。现在的泰国总理见了国王也要行跪拜礼。”

接着，他们来到了拍沙厅，国王的加冕礼在这里举行，里面还有加冕时坐的椅子。“这回我知道了，这就和我国古代皇帝举行登基大典一样。”丫丫得意地说。

“没错，就是这个意思。”卡尔叔叔肯定了丫丫的说法。

这时，一直没说话的洋洋说：“我怎么感觉在泰国国王的地位很崇高呢，而且这里的人民很尊敬他们的国王呢！”

“在泰国国王地位是非常崇高的。举行大型活动时，要先播放颂赞国王的‘颂圣歌’。根据泰国法律，诽谤、侮辱或威胁王室成员可构成‘大不敬’罪，其中任何一项行为都可被判处高达15年的有期徒刑。”卡尔叔叔介绍道。

“那国王的头像有印在泰国的纸币上吗？”丫丫觉得这样似乎更能体现泰国人民对国王的爱戴。

“泰国的纸币叫泰铢，上任国王普密蓬国王的头像就印在泰铢上呢。”卡尔叔叔肯定地说，“而且啊，泰国人在折叠纸币时从来都是将国王的头像折向里面，普密蓬国王早已成为泰国人心目中的神。”

泰铢

洋洋和丫丫听到后，都很吃惊，看来泰国国王的影响无处不在啊。

从阿玛林宫出来后，正好是夕阳西下时分，整个皇宫在斜阳的笼罩下，显得宁静、平和，这一刻，历史与现实交织，眼前的皇宫是这么近，又是那么远……

课后思考

1 泰国的国教是什么？

2 头像印在泰铢上的国王是谁？

第二课 “千佛之国”——泰国（二）

宋加洛瓷器

卡尔叔叔说：“我国对泰国的影响深远，特别是我国的文化对泰国的发展产生了重要的影响。比如，泰语中有不少词汇来自汉语，如油条、豆沙包、豆腐、酱油等。”

“哦，原来泰国也有油条和豆沙包啊！”丫丫露出了惊喜的表情，她可不想饿着肚子听卡尔叔叔讲故事。

卡尔叔叔指着前方不远的一家餐厅说：“中泰文化交往的渊源还体现在工艺方面。泰国的瓷器制作技术就深受宋朝磁州窑的影响。”

“卡尔叔叔您指的是那几个瓷瓶子吗？”洋洋顺着卡尔叔叔指的方向望去，一家餐厅里堆放着几个和他家样式一样的大瓷瓶。

“为什么这次说得这么肯定呢？”丫丫问道。

“待会儿我带你们去揭晓谜底，现在我们先去那家餐厅填饱我们的肚子。”卡尔叔叔故作神秘地说。

一到餐厅，洋洋就迫不及待地点了份杧果糯米饭，然后还很热心地给卡尔叔叔点了泰式炒河粉，给丫丫来了份菠萝炒饭。

菠萝炒饭

“怎么感觉你对这儿的美食这么熟悉啊！”丫丫吃惊地说，“菠萝炒饭好吃吗？”

“放心啦！”洋洋拍着小胸脯，“相信我的选择，你们都会喜欢吃的。我来泰国之前可是专门研究过这儿的美食呢。”

杧果糯米饭

不一会儿，香喷喷的米饭就端上来了。丫丫吃了一大口，“好香啊，这是我吃过的最香的米饭了！”说完，还把饭端到卡尔叔叔面前。

“当然香了。”卡尔叔叔胸有成竹地说，“这可是用泰国香米做的。泰国香米主要出产于泰国东北部，那里凉爽的气候、明媚的日光、湿润的土壤使得大米有一种独特的香糯口感，它可是泰国大宗出口的农产品呢。”

孩子们很快将米饭一扫而光。“卡尔叔叔，您还没回答我的问题呢。”丫丫还惦记着瓷器呢。

“走吧，现在我们去曼谷大学的东南亚陶瓷博物馆看看。等见到号称东南亚陶瓷瑰宝的宋加洛瓷器，你们就全明白了。”

“为什么叫宋加洛瓷器呢？难道又是人名？”丫丫疑惑不解。

“这回不是人名，是地名。”卡尔叔叔说道，“它位于泰国中部，那里发现了很多古窑，出土了很多瓷器。后来，宋加洛瓷器模仿、吸收了中国瓷窑的工艺，结合古代泰国地域文化元素，发展出了独具一格的陶瓷艺术风格。”

“难道这些古瓷器后来都被收藏到东南亚陶瓷博物馆了？”洋洋总能抓住问题的关键。

“是的，这些瓷器后来大多走进了那里，该馆是泰国最大的陶瓷文物收藏馆，拥有超过16000件藏品。”卡尔叔叔果然什么都知道。

来到博物馆，正好赶上有个陶瓷展。两个孩子还是头一次接触到这么多这么美的瓷器呢，就跟发现了宝藏一样。

“哇，这些瓷器真的和我们国家的瓷器很相像呢！”丫丫看了几件瓷器后总结道。

宋加洛青瓷器皿　　宋加洛釉下彩器皿

“瓷器在我国古代对外贸易中扮演着重要角色，并对周边国家的陶瓷工艺产生了深远影响。唐宋以来，我国陶瓷业已十分繁荣，制瓷技术处于世界之首。同时我国商人也直接参与南海贸易，而海外对陶瓷的需求日增，使得陶瓷成为中外商人大量采购的货物。”卡尔叔叔自豪地说。

“他们单单是见到我国的瓷器就能模仿出这么高的水平吗？有没有我国的瓷器工人或技师过来传授技艺呢？”洋洋边看边发出了疑问。

“洋洋你真的能做一名探险家呢！”卡尔叔叔夸赞道，“宋末元初的时候，就有浙江的陶瓷技师来到泰国传授技艺。在他们的帮助下，一座座窑炉拔地而起。泰国人在学习我国传统制瓷工艺的同时，又发展出了自己的特色。这才有了今天名震东南亚的宋加洛瓷器。”

听着卡尔叔叔的介绍，看着展出的精美瓷器，丫丫和洋洋都被泰国人的努力、勤劳所感动。

大象崇拜

晚上，回到酒店，两个孩子翻出卡尔叔叔的地图，准备去下一个地方探秘。

“咦，洋洋，你不觉得泰国的国土形状有点像什么吗？”丫丫好像发现了什么。

“还真是哦。”洋洋边看地图边托着腮，貌似在思考。

“傻孩子，好好看看，是不是很像侧面的大象的头部。”卡尔叔叔走过来指着地图说道，“你们看，北部好比大象的额头，东北部好比大象的耳朵，中部好比大象的嘴巴，而狭长的南方就像大象的鼻子。”

可爱的小象

“还真是啊，卡尔叔叔好棒哦！”丫丫听了卡尔叔叔的话后看着地图说。

“之前我妈妈给我讲过，泰国还有‘大象之邦’的美誉呢。”洋洋说道，“我们能去看看泰国的大象吗？”

“当然可以啦。”卡尔叔叔爽快地答应了，“明天我们去泰国北部城市清迈的大象自然保护公园，到了那里你们就可以和大象亲密接触了。”

第二天，一坐上车，丫丫就问：“昨天，洋洋为什么说泰国是‘大象之邦’呢？”

“那是因为泰国大象多啊！”洋洋给出了答案，“而且，在古时候，大象不仅能够帮人们搬运木头等大型物件，还可以当人们的交通工具，甚至还要上战场保家卫国。大象代表了力量与忠诚。”

“这只是一个方面。”卡尔叔叔继续说，“泰国人自古以来崇拜大象，还和佛教有关系。我们知道，泰国是一个国民普遍信仰佛教的国家。而相传佛祖释迦牟尼是5只白象带到人世的，所以泰国人相信大象会给他们带来祥瑞、幸运，是可以保佑他们平安的神兽。”

“哦，就是说，大象在泰国人心中也代表了神圣、吉祥。”洋洋抓住了重点。

“对的。”卡尔叔叔点了点头，“大象在泰国的地位就如熊猫在中国一样，也是国宝呢。”

刚一下车，卡尔叔叔就说：“这是个半野生的庇护所，收留了几十只受虐或是退休的大象，其中年纪最大的有80岁，最小的才几个月，可以近距离接触、喂食，但没有大象表演和骑大象项目。”

公园里游走的大象

“嗯。”洋洋表示理解，“我们要爱护动物，保护动物，不能伤害它们。”

三人来到一头年龄较大的大象面前，丫丫赶紧把带来的香蕉递过去，大象一连吃了好几根。“卡尔叔叔，您看，大象身上好像有伤呢？”洋洋眼尖，发现了大象身上的伤。

“那可能是训练或表演的时候留下来的。”卡尔叔叔说道，“我们现在看到的诸如垒木头、踢足球、画画等表演，都需要经过驯象师的训练，在训练过程中，大象有时候难免会受伤。”

“好可怜的大象啊，你再多吃点吧！”丫丫边说边抚摸大象。

不多久，香蕉就被吃光了，他们挥着手和大象“告别”，继续往前走。

“大象还充当过泰国和中国友谊的使者呢。”卡尔叔叔边走边说。

“啊，什么时候的事啊？”丫丫很感兴趣。

“宋朝时，我国和泰国互派使节访问。”卡尔叔叔又拿出了他万能的笔记本，“在1155年，泰国第二次派使节来到宋朝，给当时的皇帝敬献了一头大象。这是我国第一头来自泰国的大象呢。”

“好久远啊。”丫丫的话还没说完，就被不远处的水流声、人的惊叫声打断了。

“那里应该是有大象在洗澡。”卡尔叔叔做出了判断，“我们也加入进去吧。”

过去一看，是一条不太深的小河，还有很多人在给大象洗澡。“注意，不要站在大象尾部！要注意安全！”卡尔叔叔还没说完，两个孩子已经动手了。

丫丫和洋洋欢快地拿着小桶往大象身上浇水，大象似乎也很享受这一刻，不断摇头摆尾。这时候，孩子们没有了初来时的畏惧，和大象亲密无间，玩得不亦乐乎。

天色渐渐暗下来了，大象洗好了，孩子们也玩累了。大象慢慢悠悠地向岸边走去，孩子们也和卡尔叔叔一起踏上了返程的路。

也许，是这次公园行的体验太过震撼，孩子们回到住处后，还处在兴奋中。直到卡尔叔叔许诺说，将带他们去探寻下一个神奇的文明，他们才安静下来，开始期待新的旅程。

知识链接

提到泰国的问候语，我们的脑海里首先会闪过“sawatdee ka”（萨瓦迪卡），殊不知，该词仅限女性使用，因为泰语中的尾音“ka”（卡）是女性用词，是表示尊敬的说法，所以一般说完一句话都会加上“ka”；而男性的尾音则是“krub”（可拉不），最后“b”发轻声，嘴巴需要合紧，速度要快。

所以，泰语中的“你好”就是“萨瓦迪”，如果表示礼貌，女性要说“萨瓦迪卡”，男性要说“萨瓦迪可拉”。

课后思考

1 泰国著名的瓷器叫什么？

2 泰国人为什么崇拜大象？

第三课 “佛光普照的国家”——缅甸

“佛光普照”

从泰国的“象鼻”沿着狭长的海岸一直北上，卡尔叔叔一行在缅甸登陆了，他们首先来到了缅甸曾经的首都仰光。

短暂的休息后，卡尔叔叔问：“孩子们，考考你们，怎样做可以快速、全面地了解一个城市呢？”洋洋抢着说：“我知道，之前我和爸爸妈妈出去玩的时候，总会有小半天时间，他们带着我坐公交车去感受真实的城市。我想，咱们也先坐公交车去街上逛逛吧。”

“好呀，好呀。”丫丫表示赞同，“这样我们也能和仰光亲密接触了。”

于是他们搭乘了一辆公交车。在车上卡尔叔叔又做起了导游，开始介绍仰光：“仰光是缅甸最大的城市，1855年至2005年是缅甸的首都。它三面环水，是很美丽的海滨城市。这里随处可见大大小小的佛塔和虔诚的佛教信徒。在缅甸，男人一生必须至少出家一次，时间可长可短。有时候，缅甸总统、副总统也会出家做和尚呢。”

知识链接

缅甸是一个佛教之国，信奉佛教者占全国人口的80%以上，国内保存有许多历代修建的佛塔。据统计，全国拥有佛塔10万多座。若将缅甸所有的佛塔排成一列纵队，可从仰光直达北部的密支那，全长约1567千米。因此，缅甸又称“万塔之国”。

缅甸佛塔

两个小家伙边听边看，这时，丫丫指着窗外的大树说：“卡尔叔叔，我已经看到好多这样的树了，而且有的上面还挂着东西，您知道这是怎么回事吗？”

“这是榕树。在缅甸，人们很崇拜有一定年头的大树，尤其是榕树。”卡尔叔叔说道。可是他发现说完之后，丫丫貌似更不懂了。“这是为什么呢？”丫丫的十万个为什么又开始了。

“佛经上讲，菩提树是和佛祖释迦牟尼一起出生的，同时又是释迦牟尼坐禅修行悟道的地方。榕树与菩提树是同科植物，所以在缅甸人的心目中，榕树是‘活的佛塔’，是‘圣树’。”卡尔叔叔一边用手捋着并不存在的胡须，一边摇头晃脑地说，“你们看到的树上的东西是佛龛，里面供奉着神明，经常有人在榕树下坐禅、诵经、祈祷。”

丫丫也学着卡尔叔叔的样子说：“原来如此啊。”逗得洋洋哈哈大笑。洋洋挠了挠头，说：“卡尔叔叔，我看街上的建筑，怎么有的看着像英国的风格呢？”

“嗯，还是我们的洋洋有见识。”卡尔叔叔高兴地说，“缅甸以前是英国的殖民地，这里的政府大楼、中央银行、海关、仰光车站、邮电大楼等都是英式建筑。所以，仰光不仅有传统的缅甸风情，也有西方印记。”

很快，天色渐渐暗了下来，卡尔叔叔他们也换乘了好几趟公交车，丫丫先坚持不住了，吵着要回酒店休息。洋洋却说：“卡尔叔叔，我们明天有什么安排吗？”卡尔叔叔说：“先好好睡上一觉，明天咱们去缅甸最大的佛塔——大金塔感受佛教文化。”

仰光大金塔

第二天一早，三人就来到了大金塔。大金塔的整座塔身在烈日之下散发着金色的光芒，抬头向塔顶望去，不知是太阳的光芒，还是塔身的光芒，眼睛被刺得几乎睁不开。三人都被眼前这座大金塔震住了，来之前就知道是大金塔，但没想到这么大。看着鱼贯而入的人们，卡尔叔叔说道：“孩子们，你们有什么发现吗？”

“他们都是从左到右绕佛塔的，而且都是赤脚。”丫丫马上回答道。

“他们都没有使用相机。”洋洋也有所发现。

“观察力过关。”卡尔叔叔表扬了两个孩子，“我友情提示哦，在缅甸，进入佛塔或寺院，不论是谁，一律都要脱鞋，而且要从左往右按顺时针方向绕行。游客们不能背对佛像，也不能随意拍照。”说着，拉着两个孩子加入了游览大军。

“果然是大金塔啊！”丫丫感叹道。

“那是。”洋洋说道，“大金塔高100多米，是这儿的最高点，在仰光任何一个地方都可以看到它；塔底周长400多米，有4个大门；塔身上面镶嵌着数不清的金铃、银铃和罕见的红、蓝宝石钻球。”说着，看向卡尔叔叔：“我说得没错吧，我可是提前做了功课呢。”

“洋洋说得没错。”卡尔叔叔赞同地说，“相传很久很久以前，印度发生饥荒，有缅甸兄弟二人运了一船稻米前去救济，他们从印度回来时，带回8根佛祖释迦牟尼的头发，在政府的帮助下他们建造了这座佛塔，把带回的头发藏在塔内。所以，这是缅甸最神圣的佛塔。”

在大金塔的左边，他们还看到了一座中式风格的建筑，卡尔叔叔说："这是福慧寺，为清朝光绪年间当地华侨捐资建造，现在已经成为大金塔的一部分了。"

穿梭在仰光大金塔中，不时看到来此祭拜的缅甸人民，他们赤脚进入佛塔，虔诚地跪拜，低声诵经，让人心生敬畏，同时也让人感受到了缅甸人民对于信仰的真诚之心。

仰光大金塔

知识链接

泼水节是缅甸人民迎接缅历新年的传统节日，类似于中国的春节，是缅甸人一年中最隆重、最热闹的节日。一般在公历4月中旬举行，通常历时三四天。按照缅甸风俗，节日期间，不分男女老少，可以互相泼水，表达送旧迎新之意。

泼水节狂欢

抗战输血站：腊戌

从大金塔回来，吃过晚饭，时间还早，洋洋和丫丫便来到卡尔叔叔的房间，找卡尔叔叔聊天。

聊着聊着，卡尔叔叔说：“从仰光的火车站出发，一直北上，可以到达曾经的中央铁路的终点站——腊戍，但它也是另一个起点，或者另一个终点……”

“我知道，从我国云南昆明一直修到缅甸的滇缅公路的终点站就是腊戍。”洋洋打断了卡尔叔叔的话。

“难道就是那条号称抗日生命线的滇缅公路？”没想到丫丫也知道这条路呢。

“是的。”卡尔叔叔表情严肃地说，“滇缅公路是抗日战争时期我国唯一的国际运输线，从 1937 年 12 月动工，到 1938 年 8 月 31 日通车，仅九个月时间这条大动脉便竣工了。这是 20 万滇西各族百姓，用双手在崇山峻岭中开凿出的生命通道。此后两年多的时间里，6000 多名中国司机和 3000 多名南洋华侨，日夜不停地开着车，经过这条公路，将各种急需的物资运入我国，支援抗日战争。”

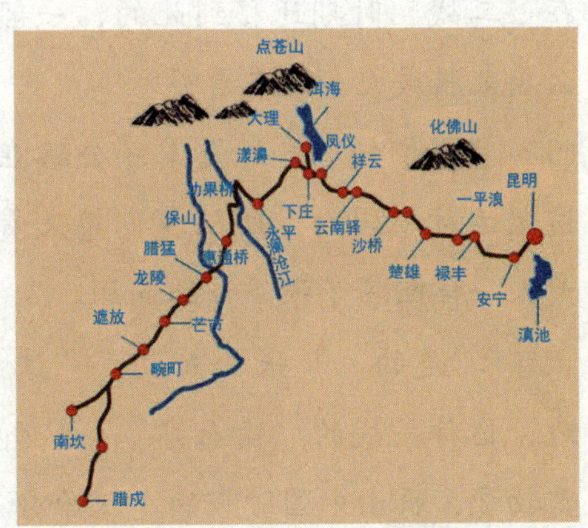

滇缅公路路线示意图

“卡尔叔叔，之前暑假的时候，爸爸妈妈带我去过云南，我了解到一些滇缅公路在云南的情况，现在既然我们在缅甸了，我也想了解一些滇湎公路在缅甸的情况，咱能去腊戍看看吗？”洋洋问道。

“嗯，卡尔叔叔，我们能从仰光火车站坐火车去吗？”丫丫还追加了一个小要求。

“去腊戍是可以的。”卡尔叔叔答应了孩子们的要求，“但是坐火车不是很方便，而且时间很长。现在有从仰光到腊戍的飞机，我们明天可以坐飞机过去。”

“太好了！”丫丫和洋洋异口同声说道，“卡尔叔叔，我们回去睡了，明天见！”

第二天，先是坐飞机，然后又坐大巴，终于到了腊戍市区。吃过午饭，刚走到街上，对面过来一位老人，先是看了卡尔叔叔他们一会儿，然后，走过来，试探着用口音很浓的普通话说：“你好，请问你们是从哪里来的？”

“您好，我们是从中国来的游客。”卡尔叔叔回答道。

“果不其然，看着你们就像中国人。”老人有些激动地说，“你们可以叫我张爷爷，我是从云南过来的华侨，已经在这生活了好几十年了。”

“张爷爷，您好，我们主要是想来看看这里的火车站。”卡尔叔叔说，“您是否方便带我们在这里转转呢？”

“好呀！”张爷爷很热心地说，“那我们现在就出发吧。”

一路上，只听张爷爷先是说：“腊戌，是缅甸北部的一个边境小城，和云南接壤，所以也是一个拥有众多华侨的地方，华侨主要是云南腾冲人，大多是在‘二战’时期迁移到此的，一般会说中文和缅文。”然后问道：“你们为什么要来腊戌火车站看看呢？”

“我们知道，这是滇缅公路在缅甸的终点，抗日战争时期很多物资都是从这里运往中国的，所以我们想来看看这个曾经肩负重任的火车站。”洋洋像小大人一样回答了张爷爷的问题。

“是的。”张爷爷说，“滇缅公路通车后，腊戌成为巨大的军需仓储重地，俗称抗战的‘输血站’。从仰光驶出的列车来到腊戌，卸下堆积如山的军需物资，再由中国驶来的车队争分夺秒地拉走。”

走着走着，张爷爷说：“孩子们，我们到了。”只见，面前是简单的站台、简单的轨道，还有稀稀落落的行人。

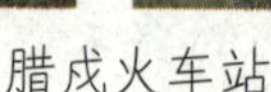
腊戌火车站

车站的加水装置

张爷爷说：“这里基本还是和70多年前一样，你们看，当年给列车加水的装置都还保留着呢。”顺着张爷爷手指的方向，果然看到了一个很古朴的设备。

卡尔叔叔和孩子们面对眼前的车站，久久不能平静，就是这个小车站，在战争时期中转了上千万吨的军需物资，改变和影响了战争的进程。此刻，卡尔叔叔和孩子们仿佛穿越时空，依稀看见当年热闹的景象，列车徐徐进站，加水、装卸……

知识链接

缅甸是一个产玉大国。全球高质量的翡翠大多来自缅甸，所以翡翠又称缅甸玉。我国人民自古以来就对翡翠情有独钟，缅甸的翡翠大多经云南流入我国。曼德勒翡翠市场是缅甸最大的玉石交易市场，在这个菜市场一般大的市场里，每天都进行着数百万元的交易。

缅甸翡翠

课后思考

1　缅甸为什么被称为“佛光普照的国家”？

2　在抗日战争中，滇缅公路起到了什么样的作用?

第四课　恒河流域上的明月——印度（一）

乘车驶出缅甸国境的时候已经接近黄昏了。虽然这不是丫丫和洋洋看过的最好看的黄昏，但是余晖撒在他们脸上的时候忽然有一种温暖的感觉。

不知不觉夜已经深了，远方一轮明月映在夜空。丫丫和洋洋他们，正在从一条大河的入海口附近驶过。卡尔叔叔告诉他们这是恒河。

丫丫和洋洋没见过恒河，卡尔叔叔却见过多次了。

“这是南亚古国印度的圣河。”卡尔叔叔还是像往常一样给孩子们介绍道。

洋洋看着远方渐渐清晰的灯火下的城市的轮廓，一整座城市仿佛都出现在了他的眼前，但这座城市分明在那条巨大的河流的包围之中，月光下好像灯火都被涂上了一层白色的蜡。

文明古国

到达印度后，卡尔叔叔三人没有直接来到新德里市中心，而是在郊区的一所旅馆休息。

印度首都新德里是一个环境优雅、气候舒适怡人的都市。他们暂住的郊区有一个鸟语花香的大花园，事实上整个城市也给人花园般的感觉。

关于印度的文明，卡尔叔叔在路上就和孩子们简单介绍过了：“印度是世界四大文明古国之一，拥有悠久的历史和灿烂的文化。印度文明起源于印度河，在那里诞生了世界上最早的文明之一。”

“印度最早的文明是怎么发现的呢？”洋洋已经习惯了用发现者的眼光了解问题。

“那是20世纪20年代的事了，一个印度考古学家在印度河的下游发现了湮（yān）没了几千年的古城遗址，也是在那时，有考古学家在印度河上游发现了同一个时代的古城遗址。于是印度文明的历史就向前推进了1000多年，这样一来，印度河流域文明就被列入了世界五大文明发祥地之一。”卡尔叔叔感慨地说，“当时的发现可以说震惊了世界，因为之前人们从没有见过面积如此庞大年代又如此古老的文明遗迹。”

“你们知道吗，印度是一个多种族聚集的国家。”卡尔叔叔打开他的百科全书，好像在思考着什么。

“这么多的民族是怎么聚集在一起的呀？”丫丫的问题又来了。

“这是因为战争，战争不断冲击着印度的文化，战争的双方因此留下了各自的文明。各个种族在这个时候也有了很多交融的机会。印度人种很多，因此

又被称为‘人种博物馆’。事实上，印度历史上几乎没有真正统一的时候。即使是在被人们公认为全国统一的时期，在境内甚至都还有几百个小王国呢。”

“看来印度也是一个受战争影响很大的国家啊！”洋洋想起我国古时候也有一些战火纷飞、民不聊生的时代，不禁对从战争中走出来的印度人民充满了敬意。

丫丫忽然说：“印度的语言真是太多了，刚才他们说的我一句都没听懂！”卡尔叔叔忍不住大笑：“印度的语言十分复杂，这也是让印度人和印度政府十分头疼的一个问题！印度语言的统一和普及问题到现在还没有解决呢。”

接着卡尔叔叔故作神秘地说：“来到印度，你会发现你不仅是穿越了国界线，而且还穿越了时空。”话音未落，丫丫就摆了摆手：“不，卡尔叔叔您说得不对。这里就是农村啊，哪里有什么时空隧道？”

卡尔叔叔哈哈大笑起来：“来，我们一起去城市里看看！”

卡尔叔叔说的城市，其实不是新德里，而是距离市区200多千米的北方邦历史名城阿格拉城。阿格拉城是印度历史上莫卧儿王朝的首都。在莫卧儿王朝时期，印度在政治、宗教和文化上实现了统一。由于国家全境出现难得的和平

阿格拉城

与安定局面，各地区人民的经济交流和贸易往来不断增加。这样一来，政治的统一和文化的发展也推动了各民族的团结。

莫卧儿王朝时期还涌现出许多天赋过人的建筑大师，其中包括莫卧儿王朝的许多统治者。可以说这个时期的建筑艺术在经历了早先时期的发展之后，由于伊斯兰教和穆斯林文化的影响，已经达到了一个登峰造极的阶段。

印度著名的地标性建筑泰姬陵就是在莫卧儿王朝的沙·贾汗时期建造的。

知识链接

泰姬陵是印度知名度最高的古迹之一，是世界遗产中的经典杰作，被誉为“完美建筑”，又有“印度明珠”的美誉。泰姬陵是莫卧儿王朝的国王沙·贾汗建造的。沙·贾汗一生钟爱建筑，他的建筑风格以优雅美丽著称。在沙·贾汗统治期间，莫卧儿帝国的艺术和建筑成就到达顶峰。

泰姬陵

“你们看！”卡尔叔叔将孩子们带到泰姬陵前，“当时的国王沙·贾汗挥金如土。他的一个王座的建造时间竟然用了7年，花费达到了一千万卢比（以现在印度货币计），更加奢侈的还要算你们看到的这座泰姬陵。”

洋洋和丫丫停下脚步，眼前所见的是一座极其匀称精巧的穆斯林建筑。泰姬陵前狭长的水池旁边，环绕着鲜花和绿树，清澈的水面上还有整个泰姬陵美丽的倒影。从远处看，整个皇陵就像是浮在水上的一座仙宫。

“据说这座陵墓是沙·贾汗为了纪念死去的妻子而建造的，相传妻子死的时候他竟然因为悲痛，一夜白头，于是命人不惜耗费巨资来修建这座完美无瑕的皇陵。不久泰姬陵也成了永恒爱情的象征。”卡尔叔叔讲的故事虽然不长，但总是让人产生许多美好的遐想。

“当时建造泰姬陵的时候，请的工匠几乎都是欧洲人，世界上最好的建筑师、镶嵌师、设计师几乎都被请来了。泰姬陵是用从采石场运来的白色大理石建造而成的。成千上万的宝石和半宝石镶嵌在大理石表面，陵墓上的文字也是用黑色大理石制成的。”卡尔叔叔接着说。

后来卡尔叔叔又带着孩子们去看了古都布高塔、德里红堡，还参观了科技馆，了解了印度发展迅速的电子产业。

“你们说，徜徉在这种艺术与美的结合、现代化和历史文明的结合的氛围之中，难道不像是在时空中穿越一样吗？”

知识链接

你们知道吗？阿拉伯数字是由印度人发明的，只是它们被阿拉伯人传到了欧洲。在阿拉伯语中，“数学”就是“印度之术”的意思。阿拉伯数字是印度人对数学的巨大贡献，没有印度人提供的这一基础，很多数学问题的解决将受到限制。此后，在许多数学家的引领下，印度数学又得到了很大的发展。

印度也是瑜伽的故乡，在印度，人们对于瑜伽的理解见仁见智。有人说，瑜伽是一种强身健体的方式，有人说瑜伽是一种有助于领悟人生真谛的哲学，还有人相信通过瑜伽教徒们能够更加坚定自己的信仰。

恒河

来到印度的第二天，丫丫和洋洋就马不停蹄地赶往瓦伦纳西市区，早就听卡尔叔叔说过，只有在这里才可以看到恒河真正的样子。

到达恒河西岸的时候已是傍晚，卡尔叔叔一行下车的地方是在一个码头的边上。卡尔叔叔边走边和孩子们说："印度教徒认为恒河水是圣洁纯净的，能洗去人的罪孽（niè）和污秽。他们视恒河水为'圣水'，认为恒河是最理想的升天之处。"

恒河圣浴

知识链接

根据宗教传说，恒河水来源于"神山圣湖"，所以恒河水被印度教徒尊为"圣水"。"神山"指"神中之神"湿婆修行的地方——喜马拉雅山，"圣湖"指湿婆及其妻子乌玛女神（喜马拉雅山的女儿）沐浴的地方——玛法木错湖。千百年来，虔诚的印度教徒长途跋涉，甚至赤足翻越喜马拉雅山，到"神山圣湖"来朝圣。他们到"圣湖"洗澡，以祛病消灾，益寿延年；到"神山"朝拜，以得到湿婆大神的启示。

"恒河岸边的露天火葬场被认为是印度教徒最好的火化之地，能够在这里火化并且将骨灰撒进恒河，是无数印度教徒梦寐（mèi）以求的事情。因此他们不远万里从印度或世界的其他地方来到恒河，希望能够在恒河安然入睡。"

洋洋一听叔叔的话，立刻活跃起来了："那还等什么，我也要去恒河洗个澡！"丫丫看到平时沉静的洋洋忽然积极起来，又看到他一脸认真的样子，哈哈大笑起来。

"这些是印度教徒的信仰，洋洋你也相信这些吗？"卡尔叔叔忽然板起脸来，严肃地说。

听了卡尔叔叔的话，洋洋想了想后，忽然明白了什么："我不相信这些水能洗清人的罪恶。但是这么多年来世界各地的教徒在这里沐浴甚至选择在这里火葬，说明这条河里浸透了印度人的思想和血汗，它是印度的灵魂啊！"

明月升起来了，和之前驱车前来的场景那么相像，只是这次，丫丫和洋洋与恒河的距离并没有那么远。

静静的恒河，这么长，这么美……

幸福的牛

走在大街上，到处可见闲逛的牛，它们大摇大摆地在马路中央徜徉，长长的车队静静地等候牛过马路。丫丫的小眼睛瞪得又大又圆，嘟着小嘴说："还有这样的事呢，好神奇啊！"

"这还不是最严重的呢，印度人可喜欢牛了，甚至到了崇拜的地步。如果有人不小心开车撞了牛，马上就会有很多人围上来，轻则把撞牛的车砸坏，重则把开车撞牛的人痛打一顿。"卡尔叔叔略带神秘地说，"牛在印度被称为'圣牛'，大部分印度农民都养牛，他们把牛当成家人一样对待。有钱人家会把牛厩（jiù）建得和人住的房子一样，有的人家因房子太小，宁可人露天睡觉，也要让牛进屋睡觉。"

"啊？！"这次是洋洋忍不住发出感叹，"这是为什么呢？"说完，小脸一仰，看着百科全书一样的卡尔叔叔。

"印度人之所以对牛崇敬有加，是因为古时候游牧民的生活严重依赖牛。人们认为母牛生产牛奶，公牛耕地，它们帮助人们生产生活，连牛粪都可以用作燃料。所以人们格外感激具有高度奉献精神、勤勤恳恳的牛，久而久之就形成了圣牛文化。"卡尔叔叔一副什么都知道的样子，不紧不慢地说道。

"之前，您说，印度是一个宗教国家，那这圣牛崇拜和印度的宗教有什么联系吗？"好奇的丫丫又发问了。

"有，在教徒们看来，牛身上每个部位都住满了神灵。常有教徒在牛面前匍匐于泥地虔诚祈福；在一些节庆日，人们还在牛群走过后扬起的尘土中下跪，畅快地呼吸，把牛粪涂抹于额头，尽一切可能沾染福气。"卡尔叔叔又充当了老师的角色。

“咦，卡尔叔叔快看，那是什么呢？”洋洋指着街上的一个小桶子说，“怎么看着像牛奶呢？”

“应该是的。”卡尔叔叔肯定了洋洋的说法，“桶里是挤好的生牛奶，是牛主人为了答谢大家善待他家的牛留下的，这样的免费牛奶见者有份，连流浪狗都有可能分得一碗。”

这时，迎面走来一头牛，丫丫想和它打个招呼，谁知道，小牛先是瞥了一眼丫丫，然后很骄傲地从她身边走过去了。急得丫丫直跺脚，把一旁的洋洋和卡尔叔叔逗得哈哈大笑。“走吧，我带你们去买张印度独特的飞饼，这种飞饼香脆可口，是印度人的主食之一呢。”

听了卡尔叔叔的话，丫丫赶紧跟着去买飞饼了。

知识链接

飞饼，又名印度薄饼，用调和好的面粉在空中用“飞”的绝技做成，是印度的特色风味美食，有十多个品种。外层浅黄松脆，内层绵软白皙，略带甜味，吃起来，香酥可口，浓香四溢。在印度，很多制作飞饼的厨师都会在餐厅现场表演。

印度飞饼

课后思考

1 印度的泰姬陵是什么时期修建的？

2 印度人为什么那么喜欢牛呢？

第五课　恒河流域上的明月——印度（二）

宗教之源

印度是一个多宗教盛行的国家，全国有82%以上的人信奉印度教。印度教的发源地自然是印度。但是印度教是由婆罗门教经过改革之后演化而来的，而婆罗门教则是由最初的吠（fèi）陀（tuó）教演化而来。

知识链接

吠陀教——公元前2000年左右，征服印度西北部土著的雅利安人和当地土著融合后形成的一种教派，它的特点是崇拜种种神化了的自然力量和祖先。到了吠陀后期，为了适应社会的变化和发展，吠陀教增加了新的内容，由此逐渐演化成为婆罗门教。

古印度进入列国时期之后，战争不断破坏着社会的安定，阶级矛盾不断激化，人们生活动荡不安，而古代世界最典型、最森严的等级制度——种姓制度的种种弊端也逐渐显现出来，于是社会上涌现出许多要求改变这种制度的思想和言论。在这个时候佛教产生了。

知识链接

佛教的产生——佛教的创始人是乔达摩·悉达多，传说他从小生活在衣食无忧的环境中，外出时先后看见一位躺在地上生命垂危的病人、手持拐杖的老

翁、被抬去火化的尸体和一个平静的出家人。看到前三者，悉达多深深感受到人生的痛苦和不幸，唯有见到出家人，他十分高兴，于是决心出家为僧。一天深夜，悉达多告别妻儿，去寻找摆脱痛苦的道路。他效仿苦修者进行了6年最严酷的苦修，但是获得解脱的愿望落空。于是他放弃苦修，来到一棵菩提树下参禅7天7夜，终于悟道成佛。后来他积极传教，佛教得以普及。

乔达摩·悉达多

佛教反对种族歧视，主张人人平等，认为人没有高低贵贱之分，而且佛教鼓励信仰自由。印度偶像崇拜的信仰也是从佛教开始的，佛教徒建造了大量的神像和佛像进行参拜。同时，佛教徒还开凿出了石窟艺术的上乘之作——阿旃（zhān）陀石窟。

印度信徒参拜

阿旃陀石窟一共有29个窟，从公元前2世纪开始修建，到公元650年才完工，前后耗时竟然将近千年。

阿旃陀石窟是建筑、雕刻和绘画三种艺术结合的典范，不仅工程的庞大令人叹为观止，而且雕刻的精细、绘画的优美也达到了举世无双的程度。阿旃陀石窟位于半山腰，石窟就环绕在上面。

两千多年前，在工具简陋粗糙、材料严重不足的情况下，古代印度人竟然将一座荒山雕琢成了一件举世震惊的艺术珍宝。

阿旃陀石窟的雕刻几乎都是以当地人的生活为基础，是当时生活的真实写照，每一个人物都各具情态，构思优美，线条舒展，色泽饱满，栩栩如生，富于质感，充满了浓厚的生活气息，可以和我国的敦煌石窟、云冈石窟、龙门石窟媲美。

后来，阿拉伯人入侵印度，他们通过武力强行推广伊斯兰教，这个时候婆罗门教吸收佛教等教派的教义经过改革形成了印度教，而佛教则受到了毁灭性的打击。不少寺庙被烧毁，许多僧侣被杀，以至于佛教几乎在印度“销

阿旃陀石窟

声匿迹”。但是经过改革后的印度教能够适应社会的变化，甚至还有所发展，此后逐渐发展成为印度的主流宗教。

当然，佛教的影响更重要的在于它最终走向了世界，在于它联系了古印度与中国这两大历史悠久的文明古国，让两个大国在文化发展、经贸往来等方面始终保持着密切的联系。

中印之交

我国与印度的交往，从经济和文化的大量交流来看，虽然具体时间难以确定，但至少在汉代已经小有规模。我国与印度2000多年的文化交流几乎都可以从佛教的交流中看出端倪（ní）。

有一种关于佛教传入我国的说法是，公元1世纪中叶的时候，东汉明帝做梦梦见了佛，于是派人去印度取经，结果不仅取来了经文、佛像，还请来了佛教学者。当时为了驮运货物，明帝特地准备了一匹白马，还给居住在洛阳的僧侣们修建了寺庙，这就是著名的白马寺。白马寺也被视为中国的佛教之源。

白马寺

我国是世界上最早养蚕并且能够提取蚕丝制造丝绸的国家。战国时期，我国的丝绸就已经闻名世界，一些国家因此把我国称为“丝国”，我国的丝绸自然也传到了印度。公元7世纪中叶，我国的丝绸在印度十分流行，受到当地人民的欢迎。

造纸术也通过河西走廊和新疆走出国门，到达印度。

印度音乐在宗教交流的过程中传入我国。早在秦朝，印度音乐就对我国产生了影响，箫、笛、琴、箜（kōng）篌（hóu）、琵琶这些乐器就是佛教馈赠的厚礼。到了元朝，许多戏曲的题材或出自印度文学，或受其影响。

印度的雕刻艺术也跟随佛教传入我国。当佛教在印度盛行的时候，印度人就开始开凿山石，雕刻石窟，随后佛教的雕刻艺术便传入我国。有趣的是，当时许多印度的僧侣来到我国后，参与了佛教建筑雕刻，比如大同云冈石窟的雕

丝绸

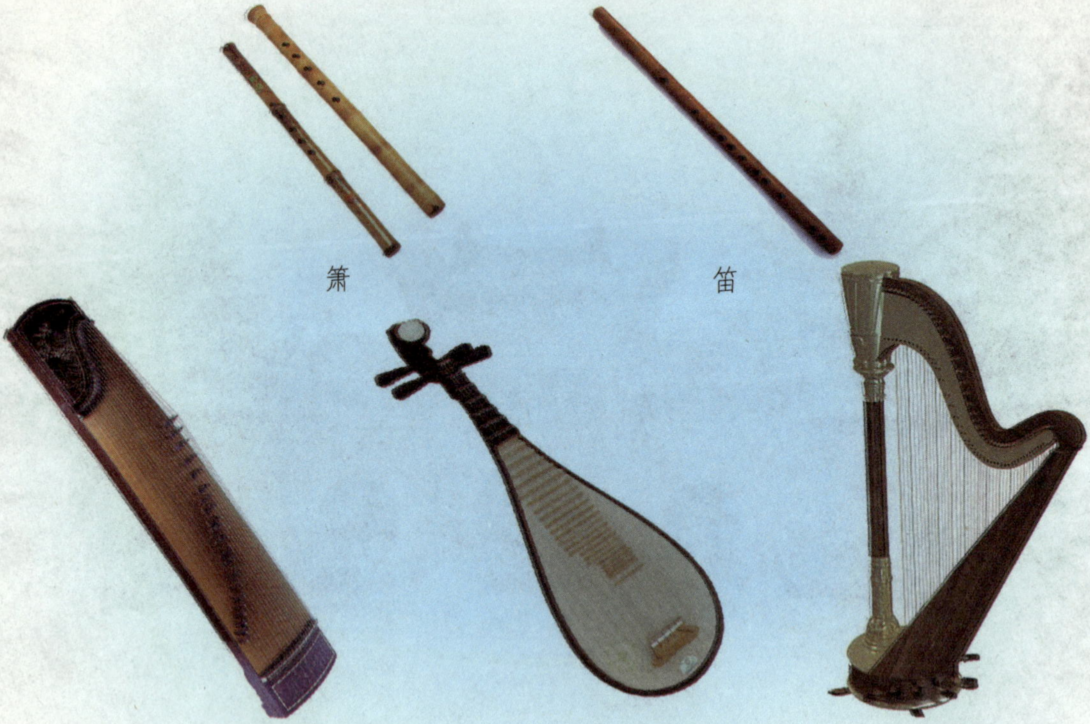

箫　　笛

琴　　琵琶　　箜篌

刻，使得我国许多石窟在雕刻艺术上和印度十分相似。

魏晋以来，佛教在我国不断普及，来华的僧人和佛教徒也不断增多。文化的交流自然不能缺少交流的使者。鸠摩罗什和我国高僧玄奘就是其中很具代表性的人物。

知识链接

鸠摩罗什，古印度著名学者、翻译家。他出生在龟兹（现在属于新疆），7岁随母亲出家，9岁随母亲到了古印度。之后来到我国，母亲回印度后，他自愿留在我国讲学。因为他能够用流利的汉语准确地表达经文的意思，所以他翻译的经书如《金刚经》《法华经》在我国传诵得最广、最久，并且对我国的哲学和文化产生了深远的影响。

鸠摩罗什

玄奘，唐朝高僧，自幼勤奋好学，追求真理，对佛学很感兴趣。公元628年，他以超人的毅力拿起锡杖，披着袈裟，从长安启程，历时一年多，经过中亚抵达印度。此后，玄奘在印度生活了15年，考察了印度的很多地方，与很多有名的佛教学者一起研究、生活。在这个过程中，他还认真研究了印度的社会、风俗、文化、历史，回国后做了大量的翻译工作，还编写了《大唐西域记》一书。这本书对于我们了解印度历史具有极其重要的作用。

玄奘

宋朝以来，印度的佛教几乎消亡，中印两国在宗教上的往来也随之衰落。但两国的文化交流却伴随着海上贸易逐渐走向繁荣。由于航海术的发展和指南针的应用，宋代造船业的发达程度已经在世界上首屈一指。宋朝商人远航印度、阿拉伯甚至非洲，形成了前所未有的繁荣景象。

明代郑和七下西洋，在贸易往来的同时也加深了两国人民的交流。一方面，在随船出海的商品中有瓷器、丝绸、布料、色绢、水银、麝香等，为印度带去了许多新的物品。另一方面，郑和的出使也给我国老百姓的生活带来了影响，使国人的视野不再局限于邻里街坊、政事逸闻，而是放眼辽阔的世界；同时还增进了我国人民与南洋、西洋和印度人民的友谊和相互理解。

泰戈尔与中国

泰戈尔

泰戈尔是印度伟大的作家、著名诗人、诺贝尔文学奖获得者，是印度近代文学的奠基人之一。和鲁迅一样，他也是一位爱国者，是民族运动的参与者。同时，他还是我国人民的好朋友。

泰戈尔20岁时就在《印度人民》期刊上发表了政论，题为《在中国的死亡贸易》，强烈谴责英国殖民者对我国输入鸦片毒害我国人民的罪行。在文中他将英国殖民者称为“强盗”。

历史上中印两国几千年的文化交流从未间断，但是西方殖民主义者来到东方之后，这种交流被阻碍甚至中断。为了重修与中国的友谊，63岁高龄的泰戈尔不顾年迈体衰，远涉重洋来到中国。在将近50天的时间里，他走遍了几乎半个中国，与社会各界人士接触。回国的时候有人问他：“您落下什么东西了吗？”他回答道：“除了我的一颗心外，没有落下什么东西。”

泰戈尔回国后并没有停下脚步，为了更好地促进中国文化在印度的传播，他特意在印度国际大学增设了中国学院，以便印度师生学习和研究中国的语言文学。

事实上，泰戈尔的作品在我国不仅有广大的读者，而且对许多作家产生了较大影响。我国现代著名诗人、大文学家郭沫若和冰心就是其中的代表。泰戈尔的泛神论思想，对郭沫若蔑视一切权威、反抗旧制度的个性的形成有很大的影响。而冰心的《繁星》和《春水》也是受到泰戈尔《飞鸟集》的影响而创作的。

在印度，泰戈尔大张旗鼓地提倡中国文化的研究，并且邀请我国的学者和艺术家来印度访问。

在日本发动侵华战争的时候，泰戈尔始终坚定地与我国人民站在一起，他的诗篇如同利剑和狮吼，控诉着日本的侵略暴行。他撰写了著名的《中国与印度》，在广大的人民群众中激起了强烈的反响，不仅唤醒了越来越多的印度人民的斗争思想，也鼓舞着我国人民的反抗决心。晚年的时候，泰戈尔仍然心系我国的抗日战争，相信我国人民必将取得最终的胜利。

泰戈尔访华时与辜鸿铭、徐志摩等人合影

泰戈尔把自己的一生都献给了印度的民族解放斗争、教育事业以及世界和平事业。在人生最后20年里，他一直在为印度的独立和世界的和平奔走呼号，足迹遍及30多个国家和地区。

知识链接

在印度，与泰戈尔同时代的还有一位著名人物，他就是圣雄甘地。甘地也为印度人民的民族独立奋斗终生，同时他还是印度著名的宗教改革家。在他的影响下，印度宗教中的偶像崇拜减少了，不良的社会习俗如种姓制度受到了冲击，社会风气逐渐好转，年轻人的爱国主义精神也得到了鼓舞，他的努力为印度最终的独立奠定了基础。

圣雄甘地

课后思考

1 印度是“宗教之源”，那么有哪些宗教发源于印度呢？印度教是目前印度最大的宗教，你知道它的发展历程吗？

2 我国与印度的交往主要是以什么形式进行的？

第六课 “清真之国”——巴基斯坦

“巴铁”

参观完阿旃陀石窟，卡尔叔叔带着孩子们踏上了前往下一站——巴基斯坦的旅程。

巴基斯坦对于丫丫和洋洋而言又是一个陌生的国家。进入巴基斯坦的时候，丫丫和洋洋忽然感受到了一种“特殊的照顾”。在得知三人是来自中国的历史爱好者之后，守卫机场的士兵们竟然派人用专车护送他们来到了最近的宾馆入住。

“哇，这真是五星级的服务啊！”洋洋对巴基斯坦产生了浓厚的兴趣。事实上还从未有过哪一个国家将他们如此安全地一路送行，这也让丫丫感到十分好奇。卡尔叔叔将孩子们聚拢在一起说：“这是在巴基斯坦我们中国人能得到的特殊待遇啊。”

“我知道了！”洋洋忽然兴奋起来，“这就是‘铁哥们’吧！”

卡尔叔叔笑着点了点头：“是的，巴基斯坦和我国的友谊是深厚的、源远流长的。在巴基斯坦有人经常说，中巴友谊‘比喜马拉雅山高，比阿拉伯海深，比蜂蜜甜’。很多巴基斯坦人都会说简单的中文，有的甚至还会邀请你到他家去做客、吃饭。”

“看来，中巴友谊还真是铁啊！”洋洋感慨地说。

“还有，洋洋，你知道吗？在首都伊斯兰堡有一条横贯东西的主干道‘周恩来大街’，这可是伊斯兰堡第一条以外国领导人名字命名的街道呢。”丫丫边说边用得意的眼神瞟向洋洋。

“最让人难忘的是，2008年四川汶川地震的时候，巴基斯坦政府在第一时间将超过10吨的救灾物资运往地震灾区。在获悉地震灾区帐篷紧缺后，又先后捐赠了22 000多顶帐篷。”卡尔叔叔深有感触地说，“听很多到过巴基斯坦的朋友说，巴基斯坦人对中国人很友好，走在大街上，常有人过来打招呼或与他们合影。中巴友谊都被写入巴基斯坦小学教材了呢。”

洋洋挠了挠小脑袋，疑惑地问：“中巴之间为什么会有这么深厚的情谊呢？”

“2000多年前，丝绸之路就在中巴两国之间架起了友谊的桥梁。汉朝的张骞、东晋的高僧法显、唐朝的高僧玄奘都来过这里。中巴两国传统文化相通，近代又都遭受了外国侵略，都进行了艰苦的斗争，相似的经历使中巴两国人民彼此心灵相通，相互支持，结下了深厚的友谊。”卡尔叔叔略带严肃地说。

知识链接

“巴基”是“清真”的意思，“斯坦”是指“国家”，因此巴基斯坦又被人称为“清真之国”。国内有95%以上的人信仰伊斯兰教，费萨尔清真寺是世界第六大清真寺，也是巴基斯坦的国家清真寺。

费萨尔清真寺

神奇岩刻

感受了伊斯兰堡的穆斯林风情之后，卡尔叔叔说：“你们还记得在老挝看到的石缸群吗？”

丫丫抢着说：“当然了，记忆深刻呢！”

“今天我们要去感受一下巴基斯坦的古老与神奇了，请跟我走吧，孩子们！”卡尔叔叔招呼着。

坐上大巴车，一路颠簸，一路向北，来到了巴基斯坦的吉拉斯。

“在巴基斯坦北部，印度河横穿了数条交通路线，这些路线至少从公元1世纪开始，就已经成为连接我国、中亚和印巴次大陆的重要商贸通道，无数的商人和旅行者从这里穿过，构成了丝绸之路上最为壮阔的景象。这些商人、旅行者和移民，在印度河谷两岸的巨大岩石上留下了数量庞大的岩刻，这些岩刻是丝绸之路遗存下来的文化瑰宝。”下车后，卡尔叔叔边领着洋洋和丫丫看岩画，边像解说员一样滔滔不绝地介绍。

吉拉斯岩画

三个人都被这穿越时空的岩刻震住了，一种难以言说的情感涌上心头。好一会儿后，洋洋突然叫道：“卡尔叔叔，快看，这岩石上面有很多文字呢！”

“嗯，是的。这些岩刻是不同地区的人留下来的，有印度人使用的文字，有我们中国的汉字。据专门研究这些岩刻的学者说，有些是我们中国人的姓氏，如张、高、黄、米、魏等都被依稀辨认出来了。”卡尔叔叔说道。

边走边看，突然，洋洋叫着：“卡尔叔叔，我怎么觉得，有的岩刻内容和佛教有关呢？”

“哈哈！”卡尔叔叔向洋洋竖起了大拇指，“看来我们之前的探险很有成效啊，洋洋都已经能辨识出和佛教有关的图像了。”

“在这些岩石上，既有当地先民遗留下来的原始社会的生活风貌，也有后来虔诚的宗教徒绘制的各种宗教符号和佛像，其中就有很多关于佛教的。”卡尔叔叔接着说，“这些岩刻数量极多，而且汇集了不同区域的特色。总的来说，这些岩刻见证了我国和印巴次大陆之间历史悠久的商贸联系，以及我国、印度和伊朗等国多元文化的交融。”

“真是太神奇了！”洋洋赞叹道，“不过卡尔叔叔，在来的路上，我看到好多移动的特别漂亮的花车，您知道是怎么回事吗？”

“那是巴基斯坦特有的大篷车。”卡尔叔叔说道，“走吧，我们先去吃点东西，休息一下，然后咱们就去看看中巴友谊的见证——喀喇昆仑公路。”

知识链接

巴基斯坦的大篷车以卡车和大巴为主，车身上涂满了花鸟、风景、人物等花花绿绿的图案。它们镶着彩珠，挂着铃铛，运载着各式各样的货物。一般车头顶部都装饰得高高的，像戴着一顶王冠，有的车甚至还有声光效果。对于很多巴基斯坦老司机来说，大篷车就是他们的新娘。

喀喇昆仑公路

在一家小餐馆饱餐了一顿，老板娘听说他们要沿着喀喇昆仑公路看一看，便拉来了餐馆老板。

原来，餐馆老板是一名司机，经常往返于这条公路上，由于经常和中国人打交道，时间久了也会说点中文。他过来后，对卡尔叔叔说：“大家好，你们可以叫我阿里，听说你们要沿着公路看一看，正好，我有一车货要运出去，不妨让我载你们一程，可好？”

卡尔叔叔说：“那太好啦，这样我们就方便多了，太感谢您了。”洋洋和丫丫也连忙向阿里叔叔道谢。

他们吃完饭后，告别了热情的老板娘就准备出发了。嘿！洋洋和丫丫一看，这不是漂亮的大篷车吗？真是太棒啦！他们一起和阿里叔叔坐在大篷车的驾驶室里，这看看那看看，既兴奋又好奇。

卡尔叔叔介绍道：“孩子们，我们现在走的这条路，是喀喇昆仑公路，也叫中巴友谊公路。它北起我国新疆的喀什，南到巴基斯坦的塔科特，是世界上海拔最高的跨越边境的道路，也是‘世界十大险峻公路’之一。这条路是20

世纪60年代由中国工程人员援助巴基斯坦修建的，由于地质情况复杂，环境险恶，当时中巴约有700人献出了宝贵的生命。”听完卡尔叔叔的介绍，洋洋和丫丫的脸上多了一丝凝重。此时，蔚蓝的天空、巍峨的大山、蜿蜒的公路，似乎都在无言地诉说着修建这条公路是多么的不容易，可是，看着时而驶过的汽车，洋洋和丫丫心中又涌现出一丝宽慰。

这时，阿里叔叔问道：“你们准备到哪一站呢？”

卡尔叔叔说：“我准备带孩子们到吉尔吉特中国烈士陵园看一下，您在那附近让我们下车就可以了。”

“哦，哦，你们是去那里啊，我知道的，我送你们过去吧。”阿里叔叔热心地说。

不多久，洋洋他们走进了陵园。

这座群山环绕的陵园，建于1978年，共埋葬了88位为修筑喀喇昆仑公路而牺牲的中国建设者。在苍松翠柏的掩映和鲜花的环绕下，白色大理石纪念碑矗立在陵园中部，纪念碑后便是建设者的墓地。

陵园里，安静肃穆，绿树成荫，看得出来，这儿被人管理得很好。洋洋小声说：“这里是不是一直有守护陵园的人呀？”

“是的。”卡尔叔叔点了点头，“有位叫阿里·艾哈迈德的老人自1978年起自愿在这里守护陵园，陵园里的花草树木很多都是由他亲手种植的，在2015年4月，习近平主席访问巴基斯坦的时候，在伊斯兰堡还会见了他，并向他颁

发了和平共处五项原则友谊奖，对他连续37年来守护陵园的行为进行了表彰。”

阿里·艾哈迈德在打扫中国烈士陵园

可惜的是，当天老人有事不在陵园，卡尔叔叔他们没有见到这位可亲可敬的老人。

天色渐渐暗了下来，卡尔叔叔一行回到了吉尔吉特市区，找了一家旅馆住下，丫丫略带困意地说：“连着在陆地上这么些天，我的小脸都变干燥了，真怀念吹着海风的日子啊！”

洋洋也说：“是啊，是啊，我也怀念海上的时光呢，卡尔叔叔，咱下一站去斯里兰卡如何啊？”

卡尔叔叔说：“小机灵鬼，本来咱们的下一站也是那里哦。”一听到这个好消息，洋洋和丫丫连蹦带跳地回屋睡觉了。

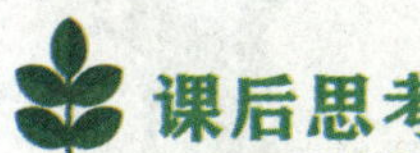

课后思考

1 巴基斯坦为什么能和我国建立起如此坚固的合作伙伴关系？

2 巴基斯坦被称为“清真之国”，你知道他们那儿著名的清真寺吗？

第七课　宝石之国——斯里兰卡

印度洋上的明珠

经过几天的跋涉，卡尔叔叔一行人来到了印度洋上的岛国——斯里兰卡。这个岛国和印度半岛隔海相望，十分美丽。

“卡尔叔叔，这座岛真漂亮啊！”丫丫赞叹道。

“是啊，它可是有‘印度洋上的明珠’之称呢，当然非常漂亮了。”卡尔叔叔说道，“斯里兰卡还是古代海上丝绸之路的重要节点呢！”

“真的呀！既然是海上丝绸之路的重要节点，那一定和中国交往密切吧？卡尔叔叔，您快给我们详细地说说吧。”洋洋充满好奇地说着，丫丫却在一旁看着地图思考着。

“是的，我国与斯里兰卡之间的关系可以追溯到西汉时期。那时候佛教文化的交流、海上丝绸之路的开拓及商品贸易的发展等因素都推动了古代中国和斯里兰卡之间的交往。我国古代的很多书籍里都对两国间的交往有记载。”卡尔叔叔说道。

“卡尔叔叔，您刚才说斯里兰卡是古代海上丝绸之路的重要节点，这肯定和它所在的地理位置有关吧。”原来丫丫在思考这个问题。

“是的，如果从我国东南沿海出发，经东南亚及马六甲海峡进入印度洋，或向更远处的阿拉伯地区和非洲驶去，斯里兰卡则是这条航线上的必经之路，是古代航船经停和中转的枢纽。”卡尔叔叔说道。

知识链接

斯里兰卡，古称锡兰，盛产宝石，当地有宝石如白菜之说。几百年来，斯里兰卡向世界供应了不计其数的宝石，美国国家博物馆中80%的高档宝石来自斯里兰卡，世界上最大的蓝宝石、星光红宝石、星光蓝宝石、猫眼宝石均来自斯里兰卡。

锡兰红茶

“你们都坐过火车吧？”吃过早饭，卡尔叔叔就问洋洋和丫丫，他俩都猛点头。卡尔叔叔接着又问：“你们坐过在高山茶园里穿行的小火车吗？”这下，洋洋和丫丫傻眼了：“还有在茶园里的小火车啊？”卡尔叔叔说：“今天就带你们体验一下斯里兰卡的茶园火车。”

坐上小火车，慢悠悠地穿行在高山茶园里，丫丫兴奋地看来看去，到处张望。在雾气缭绕的山区，山野茶园间一列漆成红色的火车在云雾中缓缓穿行，窗外是一片片被整齐划分的茶园，间或能看到穿戴鲜艳的采茶女辛勤劳作，感觉像在童话世界里。

比较凑巧的是，车厢中有一个来自中国的旅行团，只听导游和大家说：“茶园里种的就是闻名世界的锡兰红茶。18世纪的时候，一位

英国人从我国福建购买了一棵茶树，开始在这里种植。没想到，斯里兰卡中部高地明媚的阳光、湿润的海风、倾斜的山坡特别适合茶树的生长，如今锡兰红茶已成为世界三大红茶之一，几乎全世界都知道这个小岛盛产最棒的红茶。”

旅行团走远了，这时，卡尔叔叔才说道：“每天饮用红茶有助于心脏健康，还可以让人保持年轻。锡兰红茶越来越受到人们的欢迎，每年都大量出口，有人把它称为斯里兰卡献给世界的礼物。”

蓝天白云下，绿油油的茶园连绵不断，洋洋和丫丫已经被深深地吸引，陶醉在其中。

法显

“你们知道吗？在我国和斯里兰卡佛教文化的交流中，有一位十分重要的人物。”卡尔叔叔说道。

“我国古时候和斯里兰卡在佛教上还有交流啊？还是重要的人物，这里面肯定有很多故事吧，卡尔叔叔，您快讲给我们听吧！”丫丫兴致高昂地说着。

法显

“其实，古代中国与斯里兰卡关系发展的主要线索是佛教文化交流。两晋期间，斯里兰卡遣往我国的使节中，有很多僧人。他们献给我国皇室的礼物中，也有很多佛像、佛牙等与佛教相关的物品。有一位僧人叫法显，他是我国佛教史上的一位名僧，一位卓越的佛教革新人物，是我国到海外取经求法的先驱者，他曾经来到斯里兰卡取经求法，对佛教文化传入我

国发挥了重要的作用。”卡尔叔叔说道。

“那这么说，法显在我国和斯里兰卡文化交流活动中，确实是发挥了很大的作用啊。”洋洋说道。

“是啊，可以说法显是我国和斯里兰卡文化交流使者中，成就最大、影响最深远的人物。”卡尔叔叔赞叹地说道。

知识链接

你知道斯里兰卡有哪些有意思的风俗习惯吗？——斯里兰卡的佛教徒除持有“过午不食”的教规外，还得遵守不进娱乐场所、不骑车、不快跑、不乘母畜拉的车、不戴手表、庙内赤足的规矩。斯里兰卡人大多信奉佛教。日常生活中，人们对僧侣格外尊敬。乘公共汽车，普通人均从后门上车，而僧人则从前门上车，车厢前还有僧人专座，他人不得擅坐。他们忌讳使用左手传递东西或食物，视左手为肮脏、下贱之手。因此，用左手为他们递送物品是极不礼貌的。

郑和碑

“现在我要考考你们了！”卡尔叔叔说道，“你们都知道郑和下西洋吧？”

“知道，我知道……”丫丫和洋洋抢着说。

“那你们说郑和七次下西洋，有没有来过斯里兰卡呢？”卡尔叔叔问道。

郑和下西洋

“这个……我猜没来过，斯里兰卡是个小国，估计郑和不会来。”丫丫说道。

“这你可猜错了，郑和七次下西洋，有五次来过斯里兰卡，并与当时的政府以及民众有充分互动，从西汉起斯里兰卡对于我国而言就已经不是一个陌生的国度了。”卡尔叔叔说道。

“郑和来过斯里兰卡五次啊，真是了不起！”丫丫和洋洋眼中流露出钦佩之情。

斯里兰卡国家博物馆

“是的，在郑和第一次来斯里兰卡的时候，锡兰山佛寺就立了‘郑和碑’，这块碑镌（juān）刻着用汉文、泰米尔文、波斯文三种文字记录的郑和船队的历史性访问。‘郑和碑’现在陈列在斯里兰卡国家博物馆里，而且在博物馆里还陈列着各个历史时期的珍贵文物，如有大量的古代青花瓷器。”

“斯里兰卡的博物馆里还有‘郑和碑’啊！”丫丫感叹道。

“是的，‘郑和碑’印证了我国与斯里兰卡通过海上丝绸之路进行文化、贸易往来的友好历史。”卡尔叔叔说道。

后来，郑和每次到锡兰都会和当地人民开展商贸及友好交往。锡兰国使臣还多次来到明朝的都城南京，向皇上献上当地的礼物。随郑和船队而来的我国的丝绸、青瓷、铜钱、樟脑在锡兰很受欢迎。

“郑和碑”已经成为斯里兰卡国家博物馆的珍贵典藏文物之一。近年来，随着斯里兰卡旅游业的发展，越来越多的我国游客慕名前来参观。这块记录了古代海上丝绸之路上中斯友好交往历史的郑和碑将继续见证21世纪海上丝绸之路上的中斯友谊。

锡兰公主

从斯里兰卡国家博物馆出来，丫丫一脸崇拜地说：“郑和真了不起，来过这里那么多次！”

“那斯里兰卡除了使臣外，有皇室人员来过我们中国吗？”洋洋又开始发问了。

“有啊。”卡尔叔叔的话匣子打开了，“1459年的时候，斯里兰卡的国王派王子世利巴交剌惹跟随郑和来到我们国家，拜见当时的明朝皇帝。可是就在王子即将回国时，一个亲信赶来报信，说国内发生了变故。国王的外甥，也就是王子的表弟率兵冲入王宫，篡夺了王位，他不但凶残地将王子的兄弟全部杀掉，还准备等王子回国后将其一网打尽，斩草除根。”

“啊，这王子好可怜啊，有家不能回了！”丫丫感叹道。

“是啊，悲愤交加的王子只能滞留在泉州。一年又一年，他始终没有盼来国内的好消息，就只好换了衣冠，取世利巴交剌惹的第一个字‘世’为汉姓，在我国定居了。”卡尔叔叔一副什么都知道的样子。

“难道说，泉州的锡兰公主——许世吟娥就是王子的后裔？”洋洋像发现了新大陆似的惊叫着。

“完全正确。”卡尔叔叔赞赏地看着洋洋，“她是许世家的第十九代后人了。”

“可是，公主为什么姓许呢，不是应该姓世吗？”丫丫一脸着急地看着卡尔叔叔。

“嘿嘿，这就说来话长了。”卡尔叔叔呼了一口长气，“清朝末年的时候，许世吟娥家祖上有一代没有男丁，就招了一个姓许的青年做上门女婿。后来，他们家的后代就以‘许世’为姓了。”

“原来如此啊，那公主有来过斯里兰卡吗？”好奇的丫丫发问了。

“2002年的时候，她到过斯里兰卡，受到了斯里兰卡人民的热烈欢迎，并且，她还种了一棵从泉州带去的树苗，希望两国友谊像树苗

许世吟娥（右）在斯里兰卡皇家植物园内植树留影

一样越长越高，有人称她为和平使者呢。2010年上海世博会的时候，她还作为特邀嘉宾参加了斯里兰卡国家馆日活动。”卡尔叔叔又一次给孩子们解惑了。

听完了锡兰公主的故事，卡尔叔叔一行人的斯里兰卡之旅圆满结束。

这一路走来，东南亚和南亚各国的旖旎风光、特色风俗和传奇历史，如同沙滩上闪闪发光的珍珠一样，在洋洋和丫丫连连的欢笑与诧异、惊叹与赞美中被一一捡拾，收入“宝箱”中，东南亚和南亚之行就在这满满的收获中，画上了圆满的句号。

课后思考

1 斯里兰卡为什么被称为印度洋上的明珠?

2 你知道斯里兰卡献给世界的礼物是什么吗?

第八课　宝船所及——东非诸国（一）

东非水塔——埃塞俄比亚

结束了斯里兰卡之旅，卡尔叔叔一行乘坐上前往埃塞俄比亚的飞机。当飞机经过东非大陆的赤道上空时，两个孩子从机窗向下俯视，只见一条硕大无比的“刀痕”深深刻入大地，这就是世界上最大的裂谷——“东非大裂谷”。

“真壮观啊，听说这条气势恢宏的大裂谷的长度相当于地球周长的1/6。”洋洋赞叹道。

“没错，东非大裂谷被人们称作地球上最大的伤痕，几乎跨越了东非所有国家。但是它并不像人们想象的那样幽暗、阴森。这里的原始森林覆盖着连绵的群峰，山坡上的仙人掌绽放出艳丽的花朵；大裂谷底部平坦开阔，牧草丰美，水木相间。”卡尔叔叔的眼神中露出些许向往，“所以东非大裂谷又被称为地球上最美丽的伤痕。在这条大裂谷经过之处，你会看到蓝宝石般的湖泊，生机盎然的自然公园，还有珍贵的世界自然遗产。我们接下来要探访的是埃塞俄比亚，东非大裂谷在这个国家留下了最长的一部分，纵穿整个埃塞俄比亚高原。”

东非大裂谷

一行人来到埃塞俄比亚的北部边境，这里有一座名叫阿克苏姆的历史名城，城中一座座方尖石塔矗立着，庄严而神秘。

“提到非洲，大家的印象可能更多的是荒蛮、人迹罕至，然而埃塞俄比亚却是一个有着3000多年历史的古国。这里曾经有着灿烂的文明，我们现在所在的阿克苏姆，就是公元100年到940年阿克苏姆王国的首都。”卡尔叔叔带着两个孩子，站在方尖石塔下仰望，“公元4世纪至6世纪，阿克苏姆王国达到鼎盛。这种鼎盛离不开古代东西方海上交通与贸易的发展。盛极一时的阿克苏姆，统治着红海两岸的大片地区，掌控着船只进出红海的通道。作为一个贸易国家，阿克苏姆王国将象牙和犀角出口至世界各国，酿酒、造船业也在这里发扬光大。我们现在可以看到的方尖石塔、大型石柱、王室墓地和古代城堡，都是那个辉煌时代的见证。”

方尖石塔

“没想到这里居然有如此灿烂的文明。”洋洋感叹着，随后又补充道，“又是一个和东西方海上交通贸易息息相关的文明。”

卡尔叔叔点点头：“还有你们更想不到的呢！孩子们，提到非洲，你们最先想到的是什么？”

“干旱！”两个孩子异口同声地说。

“哈哈，那你们有没有想过，这个东非国家有丰富的水资源，能用水力发电呢！”卡尔叔叔说。

埃塞俄比亚地处高原，有非常多的山脉，平均海拔近3000米。高海拔使这里一改非洲国家常有的炎热。夏天，湿润的季风又给这里带来了丰富的降水，所以这里有很多河流、湖泊，素有“东非水塔”之称。现在，洋洋和丫丫正站在山上，眺望不远处的奥姆欧河，让他们觉得震撼的不是平静宽阔的河面，而是将水阻拦的巨大石坝。

“这就是吉布3水电站，是中国企业在埃塞俄比亚的标志性工程，是中国公司在非洲承担的最大水电项目，号称‘非洲的三峡’。”卡尔叔叔一边赞叹

吉布3水电站

一边解释，“埃塞俄比亚虽然水力资源充沛，但却一直受电力短缺的困扰，即便是在首都，停电也是常事。但是，吉布3水电站让埃塞俄比亚告别了电力短缺的历史，还有相当一部分电力可供出口，赚取外汇。这个水电站，可是帮了埃塞俄比亚的大忙。”

“哇，这么大的工程，需要多长时间才能建好啊！”丫丫好奇地问道。

“机电设备及金属结构部分从2011年开工，用了五年的时间就完成了！”卡尔叔叔看着两个孩子赞叹的目光，继续说道，“2016年8月，全部机组投入工作，东非水塔就这样华丽蜕变，变成了东非电塔！”

两个孩子望着这片神奇的大地，相信在未来，在“一带一路”的倡导下，会有更多可以改变埃塞俄比亚人们生活的设施建起来，埃塞俄比亚的精彩不仅存在于历史，更在当下，在未来。

坐在火车上看大象——肯尼亚

赤道与东非大裂谷在此处交汇，在地图上形成了一个巨大的十字，这里就是被叫作“东非的十字”的肯尼亚，也是卡尔叔叔一行人接下来要探访的国家。他们到达了东非第一大港——肯尼亚的蒙巴萨港，接下来的行程，他们要在这里乘坐火车，去肯尼亚首都内罗毕。

在蒙巴萨港停留期间，看惯了沙漠丛林、山川草原的两个孩子，对碧海蓝天和椰子树、金沙滩的搭配赞美不已。

“15世纪郑和率领庞大的船队下西洋时，船队就到达过蒙巴萨这座城市。在《郑和航海图》里蒙巴萨被标作‘慢八撒’。在此出土的大量中国瓷器和古钱币等文物也是这一历史事实的证明。”卡尔叔叔一边享受着湿润的海风，一边说着，“阿拉伯人于11世纪修建蒙巴萨港，那时此地就成了重要的商港。它港宽水深，可以承载很大很重的货轮；口岸开阔，可以容得下很多船舶停靠。现在这里的繁华程度也不减当年，在这里装卸货物还有先进的机器帮忙，蒙巴萨港的机械化程度在东非港口中排名第一。”

蒙巴萨港

卡尔叔叔带着洋洋和丫丫来到了火车站，洋洋和丫丫兴奋地四处打量着。

“哇！好棒的火车啊！”丫丫赞叹道。

“我们现在行驶在蒙内铁路上。”卡尔叔叔露出了一个神秘的微笑，说道，“你们知道这条铁路，是谁建的吗？”

“难道不是肯尼亚人民吗？”丫丫一脸迷惑地问道。

卡尔叔叔摇摇头，一个骄傲的微笑浮现在他的脸上：“是咱们中国的工程队修建的！”

“从东非最大港口蒙巴萨到肯尼亚首都内罗毕，曾经有一条100多年前英国人在此殖民时修建的铁路，在岁月的侵蚀下，这条铁路早已变得杂草丛生，陈旧破败。中国工程队来到这里，在短短三年不到的时间里，在两地之间重新修建起了一条崭新的铁路。”卡尔叔叔说，“由于耗资与工程量巨大，修建这条铁路的一举一动都颇受国际舆论的关注。在修建过程中，我们的工程队也面临着种种困难，比如如何与当地人沟通，如何获得在当地人土地上修建铁路的允许，如何保护这里的自然环境……即便如此，我们还是用惊人的速度

蒙内铁路开通

完成了铁路的修建！”

“点赞！”洋洋激动地竖起大拇指，说道，“这条铁路连接蒙巴萨与内罗毕，这样，生活在内陆城市内罗毕的人们也可以去蒙巴萨体验海滨生活了！”

“是啊！这在过去只有两个选择：乘坐8小时的长途汽车或者乘坐小型飞机。而现在，只需要乘坐4.5小时左右的火车，相当于46块钱人民币的费用就能搞定，真是再合适不过了。不过现在出现了买票难的问题，咱们的三张火车票还是我提前三天买的。”卡尔叔叔笑着说，“除此之外，这条高效便捷的铁路，一定会让更多的货物往来于内陆和港口之间，这对蒙巴萨港来说，无疑是锦上添花！”

“看！那是大象！好多大象！”丫丫惊讶地跳了起来，洋洋也赶紧趴在窗户上往外看。

“肯尼亚是非洲著名的旅游国家，这里有很多野生动物，还有十几个野生动物保护区。其中有很多稀奇古怪的动物，有的甚至连当地居民都摸不清它们的习性。”卡尔叔叔笑着说，“蒙内铁路穿过察沃国家公园，这是肯尼亚最大的野生动物保护区，东边有一望无际的平坦草原，还有横穿草原、被动物视作生命之水的加拉纳河。西边有众多火山和山脉，地形复杂多变，火山泉缔造了一片片生长着棕榈树的湿地，吸引大批水鸟和河马来此栖息。在众多野生动物中，最有的特色的就是大象了。据统计，公园中生活着2万多头大象，被称为‘世界最大的野象集中地’，在这里人们还可以看到红色的大象！”

“红色的大象？”丫丫好奇地问，“这是肯尼亚独有的一种大象吗？”

红色土壤中嬉戏的大象

“独特的并不是大象，而是这里的土壤，肯尼亚有很多红色的土壤，大象们经常在红色泥土中嬉戏，久而久之皮肤就被染成鲜艳的红色了，也就造就了红泥象这一独特景观。”卡尔叔叔回答道。

听完卡尔叔叔对察沃国家公园的介绍，洋洋有些担心地问道：“那蒙内铁路的修建，会不会打扰到这里的野生动物啊？”

卡尔叔叔似乎料到了洋洋会这样问，回答道：“当时中国的施工队也考虑到了这一问题，在修建这条铁路时，在环境问题上可下了不少功夫，为了保护大象、斑马、长颈鹿等野生动物，方便它们迁徙，沿线不知设计了多少座桥梁、多少个涵洞。现在，这条火车线路为动物爱好者津津乐道，他们可以在火车上以完美的视角，记录下沿途优美的自然风光。”

两个孩子也拿出相机不停地拍照。随着列车的前进，景色不断更新，七八月的肯尼亚仿佛是对大自然的礼赞，你会看到浩浩荡荡的野生动物大迁徙；看到草木深处突然奔出的狮子完成一次完美的捕猎；看到小象在象群中好奇且顽皮地探头探脑，壮硕的雄象将长鼻举向天空，发出动人心魄的声响。

大象迁徙

长颈鹿

角马迁徙

如果说埃塞俄比亚灿烂的古文明让两个孩子吃惊不小，那肯尼亚首都内罗毕的现代都市文明又让两个孩子不相信自己身在非洲。

“繁华吧！内罗毕可是一座国际性大都市，是非洲最时尚、最现代化的城市之一。”卡尔叔叔说道。

蒙内铁路

两个孩子好奇地打量着周围的景色，来来往往穿着宽大鲜艳的民族服饰的当地人脸上总是泛着热情的微笑，经常可以听到的一个单词“Karibu（欢迎）”，象征着这个国家的热情与好客、接纳与包容。也正因如此，这个国家宛如一幅多彩的拼图，42个部落民族在这里和睦相处，东西方多元文化在这里交流融合。

黄昏下的内罗毕

各民族风情

“这一路走来，我们探访了很多文明的诞生地，肯尼亚也是一个诞生地，你们猜是什么的诞生地？”卡尔叔叔问道。

“又是什么远古文明？”洋洋反问。

“是人类的诞生地。在考古发掘中，肯尼亚曾出土约250万年前人类的头骨化石。”卡尔叔叔回答道，“不仅肯尼亚，非洲也是人类的摇篮，在非洲很多国家，如埃塞俄比亚、坦桑尼亚等，都发现了几百万年前人类祖先的化石。除了人类的化石，还发现了早期人类祖先使用的工具呢！”

肯尼亚图尔卡纳湖岸边发现人类祖先制造的迄今最古老的工具——距今约330万年的石器

卡尔叔叔一行人的肯尼亚之行在内罗毕画上了句号，非洲之行仍在继续，接下来等待他们的又会是什么呢？

课后思考

1 我们国家在埃塞俄比亚建设了什么，给这个国家带来了什么变化？

2 我们国家在肯尼亚建设了什么，给这个国家带来了什么变化？

第九课　宝船所及——东非诸国（二）

草原的雨季与乞力马扎罗的雪

卡尔叔叔一行人搭乘着当地人驾驶的观光吉普，行驶在广阔的非洲大草原上。一路上，各种各样的野生动物接连不断地出现在他们的视野中，洋洋和丫丫拿着望远镜入神地看着，角马、斑马、瞪羚……它们结成数量庞大的队伍，在草原上或是觅食，或是休息。

洋洋放下手中的望远镜，看向卡尔叔叔，问道："说到非洲，我的印象就是炎热干旱，到处是沙漠荒原，见不到一点生机，真没想到能在这里见到这么多动物。"

东非大草原上的动物大迁徙

"你说的炎热干旱，只是非洲的一种气候类型。"卡尔叔叔解释道，"非洲那么大，自然有多种气候类型。不过非洲的气候很有特点，是以赤道为中轴线，大致呈现南北对称分布。中部是热带雨林气候，中部往南北两侧是热带草原气候，再往外是热带和亚热带沙漠气候。我们现在所在的东非大草原就是热带草原气候，热带草原气候一年只有两个季节，旱季和雨季，旱季时滴雨不下，草木枯黄；雨季时大雨倾盆，百草丰茂。久居于此的动物渐渐发现了这种降水规律，过上了逐雨而居的日子，于是就出现了我们眼前所看到的动物大迁徙。"

“原来如此！不过，我们在大草原上走了这么久，什么时候才能到下一个国家呀？”丫丫迫不及待地想看一看下一个目的地的风光。

“我们已经到了下一个国家了，”卡尔叔叔笑道，“东非大草原非常辽阔，被两个国家的国界线分成了两块：小的在肯尼亚境内，名为马赛马拉草原；大的那块名为塞伦盖蒂草原，就在我们这次的目的地国家——坦桑尼亚境内。”

“坦桑尼亚！”丫丫好像想起了什么，兴奋地说道，“我知道有一种非常漂亮的蓝色宝石，名字就叫坦桑石，难不成这里就是它的出产地？”

坦桑石

“哈哈，还真被你说中了。”卡尔叔叔笑着将望远镜递给丫丫，指着远方继续说道，“你看远方那座山。”

洋洋和丫丫一起望向卡尔叔叔指的方向，雨季的东非大草原云层缭绕，隐隐约约中，好像有一堵石墙横亘在东北方向，待云层散开，露出了石墙的顶部，洋洋和丫丫才看清，那是一座巨大无比的山脉，远处的山峰上覆盖着皑皑白雪。

“在赤道附近居然可以见到白雪！”丫丫惊叹道。

乞力马扎罗山

“丫丫，你知道吗？海拔越高，温度越低，我们现在距离那座山这么远，它在我们看来依旧那么高大，想必是非常非常高，所以山顶上的温度应该很低，因此才会出现常年不化的积雪。”洋洋解释道。

“洋洋说的没错，我们看到的那座山是非洲最高的山，是有‘非洲屋脊’之称的乞力马扎罗山，它位于坦桑尼亚东北部，是坦桑尼亚和肯尼亚的分水岭。虽然山顶上白雪皑皑，但乞力马扎罗山却是一座火山。”卡尔叔叔说道，“丫丫，你说的那种名叫坦桑石的宝石，就出产于乞力马扎罗山脚下一块长4千米、宽2千米的区域。坦桑石是一

种既高龄又年轻的宝石，它的形成时间约为5.8亿年前，一直深埋在地底2千米以下，直到1967年才为人所知。”

“火山与积雪，珍贵的宝石，感觉乞力马扎罗山充满了浪漫气息，真想走到它面前一睹它的风采。”丫丫憧憬道。

“乞力马扎罗山确实是坦桑尼亚珍贵的旅游资源，每年都有来自世界各地的登山爱好者攀爬这座高峰。”卡尔叔叔说道。

剑麻王国

几经辗转，卡尔叔叔一行人来到了坦桑尼亚第一大城市和东非重要港口——达累斯萨拉姆。达累斯萨拉姆在斯瓦希里语（坦桑尼亚官方语言，非洲语言中使用人数最多的语言之一）中意为“平安之港”。

达累斯萨拉姆

走在城市的街道上，一阵略带湿润的微风吹来，引得丫丫想起前不久去过的东南亚国家，“好怀念呀，大海的味道！”丫丫不禁感叹。

“卡尔叔叔，记得咱们在肯尼亚的港口城市蒙巴萨的时候，您说郑和的船队曾到过蒙巴萨，那他们有没有到过达累斯萨拉姆这座城市呢？”洋洋问道。

“当然，达累斯萨拉姆是海上丝绸之路的沿线城市，不仅郑和的船队到过这里，早在公元10世纪左右，宋朝的商人就与当地人有贸易往来。”卡尔叔叔说道，“这里位于非洲印度洋海岸中段，扼西印度洋航运要冲。这里曾是德、英殖民统治和掠夺的据点，第二次世界大战后，这座城市迅速发展，多年来打下了不错的工业基础，大型纺织厂、卷烟厂、食品厂、制革厂、腰果加工厂等企业，在这座城市都能找到。而且这里作为港口城市，优良港湾，仓库，修船、装卸设备齐全，邻国赞比亚、刚果（金）、布隆迪的部分物资都在此中转。”

“那在这里出口的都有什么产品呢？”丫丫问道。

“有很多呀，棉花、咖啡、剑麻等。”卡尔叔叔继续说道，“说起剑麻，你们知道吗？在坦桑尼亚的剑麻种植园中，有很多中国人的身影。”

剑麻种植园

“剑麻是什么？中国人为什么要跑到这里来种剑麻？在中国不能种吗？”丫丫的问题一个接着一个。

“剑麻纤维质地坚韧，耐磨、耐盐碱、耐腐蚀，广泛运用在运输、渔业、石油、冶金等各种行业，具有重要的经济价值，是当今世界用量最大、使用范围最广的一种硬质纤维。虽然在我国的南方也有种植剑麻，但是中国目前自产的剑麻纤维却不能满足国内的需要，并且随着剑麻纤维用途的不断增加，中国每年都在增加剑麻纤维的进口量，世界剑麻纤维进出口贸易也在不断增长。坦桑尼亚的气候和环境特别适宜种植剑麻，故坦桑尼亚素有‘剑麻王国’的美誉。”卡尔叔叔说道，“但是由于科学技术、管理模式落后，坦桑尼亚自身无法满足机械化生产日益扩大，以及产品精细加工的要求，近十几年来，我国企业向坦桑尼亚派遣了很多技术人员，同时也带来了先进的种植技术和设备，在这些条件的支持下，千顷荒原变成剑麻种植园，累计为当地提供了上万个就业岗位。而且我国多年来一直是坦桑尼亚剑麻的主要进口国，为坦桑尼亚的经济发展做出了不少贡献。”

“原来‘剑麻王国’的称号中也融入了中国人辛勤劳动的汗水呀！”丫丫感叹道。

卡尔叔叔带着洋洋和丫丫坐上一辆快速公交车，一路上摇摇晃晃，有些地方道路拥堵比较严重。丫丫有些不耐烦地说：“这座城市真应该好好修修路。”

剑麻加工

“不过，看得出公交车非常受当地人欢迎，每个车站都有很多人上车、下车，车厢内总是那么拥挤。”洋洋牢牢地抓住扶手说道。

“确实，这座城市的道路建设还有待完善。”卡尔叔叔说道，“公交出行方便实惠，很受当地人欢迎。我国企业承建了这座城市快速公交六分之一的线路以及公交总站，正在运营的一百多辆快速公交车，都来自于中国。随着‘一带一路’倡议在坦桑尼亚的落地，想必会有更多的中国企业在坦桑尼亚投资建设，也一定会给当地人民带来更多实实在在的利益。”

西南印度洋上的明珠

卡尔叔叔一行人结束了坦桑尼亚之行，接下来他们要去的地方，是这次旅行的终点、美丽的非洲岛国——马达加斯加，它是西南印度洋上的一颗明珠。虽然马达加斯加是世界上最不发达的国家之一，但是这里自然资源丰富、土地肥沃、气候适宜。在这里，人们可以品尝到甜脆的甘蔗、可口的咖啡、美味的螃蟹……马达加斯加海岸线长，风光旖旎，地形起伏，生态环境独特，人们既可以欣赏优美的印度洋海景，也可以走进神秘的森林去探访马达加斯加独有的珍稀动植物。

一行人到达马达加斯加首都塔那那利佛，浓郁的热带风情、各式各样既便宜又新鲜的热带水果让丫丫兴奋无比，不一会儿手里嘴里就塞得满满的。

马达加斯加风光

洋洋却一边看着地图一边思考着，不一会儿他放下地图，一脸疑惑地问道：“卡尔叔叔，从地图上看，马达加斯加已经在非洲的东南边了，郑和的宝船也到达过这里吗？”

“《郑和航海图》显示，郑和下西洋曾到过门胳赤（古称马尔加什，今称马达加斯加）。1998年，郑和下西洋600周年，马达加斯加还以郑和船队最远到达国的名义发行了纪念邮票。不过由于年代久远，史料缺失，郑和

马达加斯加当地居民

船队有没有到过这里还无法确定。不过，你们看这里的人有什么特点？”卡尔叔叔问道。

洋洋和丫丫仔细观察着来来往往的行人，丫丫回答道：“我觉得他们有些像亚洲人，肤色没有那么深。”

“确切地说，有些像印尼人。”洋洋补充道。

卡尔叔叔点点头，说道：“据人类学家考证，2000多年前，在马达加斯加岛上就有人类活动，其中重要的一支来自于印度尼西亚。资料显示，印尼人之所以来马达加斯加，是因为这里可以找到他们国家和中国都需要的货物，如象牙、龟板、豹皮、龙涎香等。这说明，早在2000多年前，出于贸易需求，从亚洲到马达加斯加的航路已经开辟。”卡尔叔叔说道。

一行人来到塔那那利佛的中国城，作为首都核心商业区的一部分，这里非常繁华热闹，是当地人购物、休闲的重要场所。

“好多中国面孔呀。”丫丫看着几位正在卸货的店铺伙计说道。

“他们是马达加斯加的华侨。”卡尔叔叔说道，“华侨的到来给马达加斯加人民带来了实惠。马达加斯加的日用品主要依赖进口，20世纪90年代初以前主要从欧洲进口，但由于价格很高，底层老百姓往往消费不起，有的连鞋子都买不起。而华侨带来的中国商品物美价廉，很受当地人欢迎，因此有‘中国人来了有鞋穿’的说法。”

在马达加斯加的最后一站是一片茂密的树林，林中园丁们忙忙碌碌，有的在修剪枝叶，有的在检查虫害。洋洋和丫丫走近一看，浓绿的叶片中，一簇簇浅黄的小花或是含苞，或是盛开，一阵风拂过，淡淡的香味沁人心脾。

“卡尔叔叔，这是什么树呀？”丫丫问道。

“这是荔枝树。”卡尔叔叔回答道。

“为什么要带我们参观荔枝园呀？这里的荔枝有什么特别之处吗？”洋洋追问道。

“荔枝原产于中国南方地区，它在中国的栽培历史，可以追溯到2000多

硕果累累的荔枝树

年前的汉代。而现在，荔枝在遥远的非洲也扎根一百多年了。”卡尔叔叔回答道，“尽管关于荔枝究竟是直接还是间接从中国引进的这一问题，在史料上并无记载，但是当地华人华侨相信，一百多年前，正是他们的祖先将荔枝带到了这里。现在荔枝已经成为当地重要的经济作物。”

“不过，我记得在国内的时候，夏天是吃荔枝的好时节，可现在已经是8月了，这里的荔枝树为什么才开花呢？”丫丫问道。

“马达加斯加的荔枝比我们国家的成熟得要晚得多，一般在9—10月结果，到年底才成熟上市。”卡尔叔叔回答道。

“哈哈，那正好我们国家没有荔枝的时候，可以在马达加斯加进口呀！”丫丫笑道。

在一片欢声笑语中，一行人结束了马达加斯加之旅。这一路走来，东南亚和南亚美丽的自然风光、神秘的宗教文化，东非广袤的草原、狂野的野生动物，都在洋洋和丫丫的心中留下深深的烙印。不过最令他们印象深刻的，还是所探访之处，那些随着古老的航线远渡重洋并扎根于异乡的中国元素，还有如今辛勤耕耘于海外的华人华侨的身影，以及他们创造的一个又一个奇迹。当然，不论古今，我们的脚步不止于此，卡尔叔叔一行人的丝路探访之旅仍在继续。

课后思考

1 中国企业给坦桑尼亚的剑麻种植带来了什么好处？

2 你觉得马达加斯加最适合发展什么行业？